AF189325

Impressum
Verlag: BABADADA GmbH, Nedderfeld 112 , 22529 Hamburg
Geschäftsführer / Verlagsleitung: Harald Hof
Druck: Books on Demand GmbH, In de Tarpen 42, 22848 Norderstedt

Imprint
Publisher: BABADADA GmbH, Nedderfeld 112 , 22529 Hamburg, Germany
Managing Director / Publishing direction: Harald Hof
Print: Books on Demand GmbH, In de Tarpen 42, 22848 Norderstedt, Germany

# школа
# dugsi

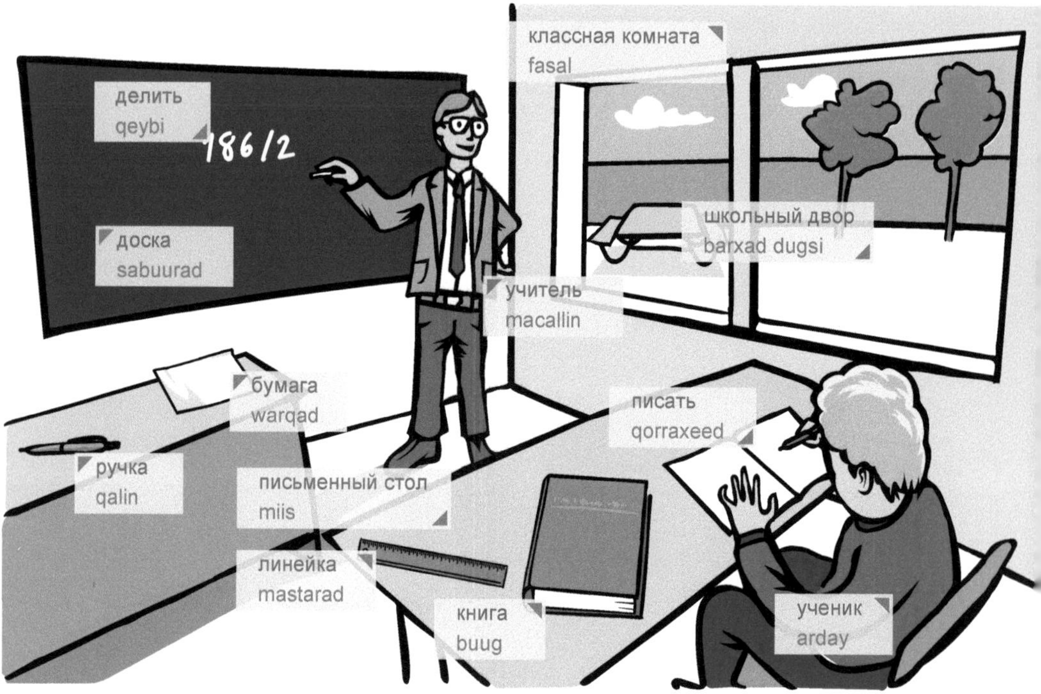
классная комната
fasal
делить
qeybi
186/2
доска
sabuurad
учитель
macallin
школьный двор
barxad dugsi
бумага
warqad
писать
qorraxeed
ручка
qalin
письменный стол
miis
линейка
mastarad
книга
buug
ученик
arday

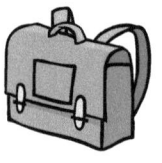

ранец

boorso

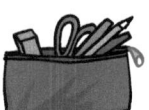

пенал

kiis qalin-qori

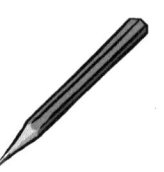

карандаш

qalin-qori

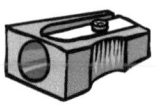

точилка

koobka qalin qor

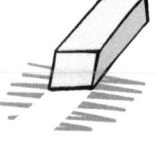

ластик

titirre

альбом для рисования

buugga sawirka

рисунок

sawirid

кисточка

burushka midabaynta

коробка красок

gasaca midabaynta

ножницы

maqasyo

клей

koollo

тетрадь

buug qoraal

домашняя работа

shaqo-guri

цифра

lambar

прибавлять

ku dar

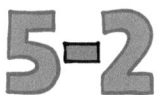

вычитать

ka jar

умножать

ku dhufo

считать

xisaabi

буква

warqad

алфавит

alifbeeto

слово

erey

текст

qoraal

читать

akhri

мел

jeesto

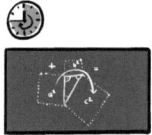

урок

cahsar

классный журнал

diiwaan

экзамен

imtixaan

диплом

shahaado

школьная форма

direes dugsi

образование

waxbarasho

энциклопедия

diwaan mowduuceed

университет

jaamacad

микроскоп

mayskariskoob

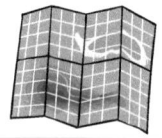

карта

khariidad

корзина для бумаг

haan qashin-gur

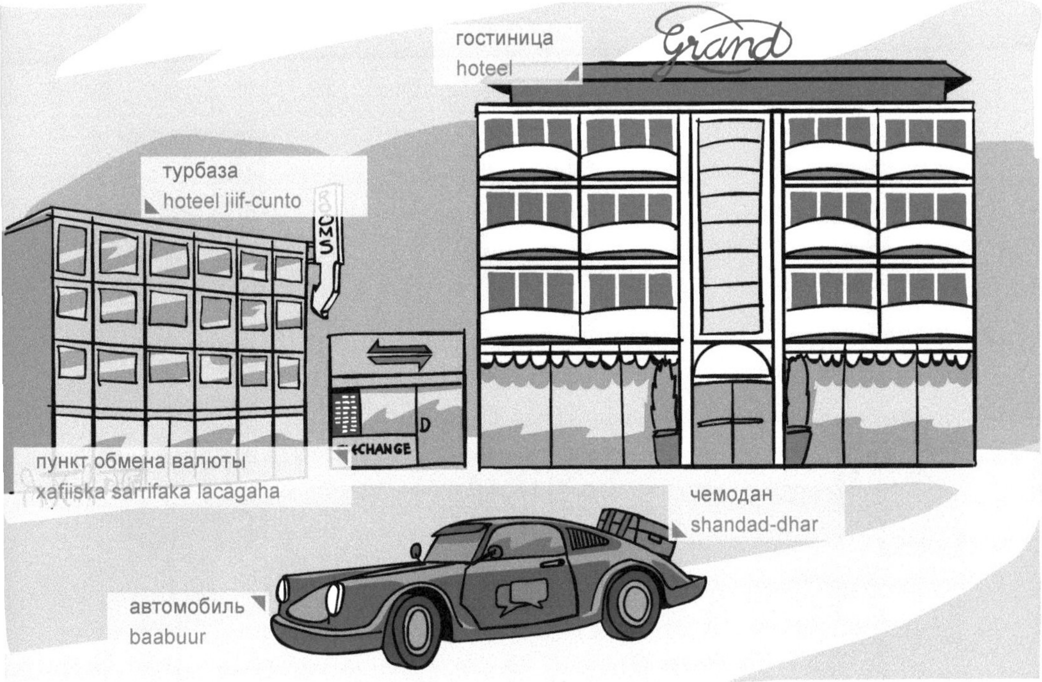
гостиница
hoteel
Grand
турбаза
hoteel jiif-cunto
ROOMS
пункт обмена валюты
xafiiska sarrifaka lacagaha
чемодан
shandad-dhar
автомобиль
baabuur

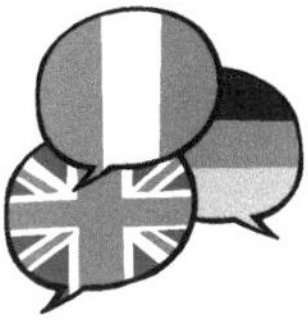

язык

luuqad

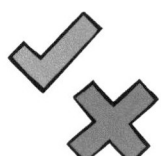

да / нет

haa / maya

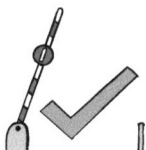

хорошо

Hagaag

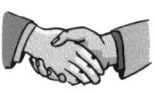

Привет

nabad miyaa

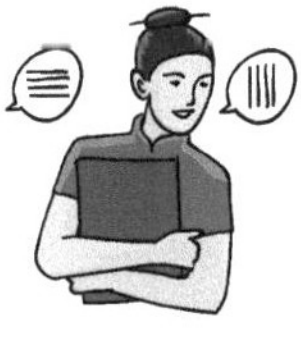

переводчик

turjumaan

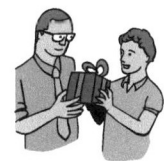

Спасибо

Waad mahadsan tahay

Сколько стоит...?

waa immisa...?

Я не понимаю

ma aanan fahamin

проблема

dhibaato

Добрый вечер!

galab wanaagsan!

Доброе утро!

subax wanaagsan!

Доброй ночи!

habeen wanaagsan!

До свидания

nabad gelyo

направление

jiho

багаж

alaabo

сумка

boorso

рюкзак

boorso-dhabar

гость

marti

комната

qol

спальный мешок

katiifad

палатка

teendho

туристическая информация
xog dalxiis

пляж
xeebta

кредитная карточка
kaar amaah

завтрак
quraac

обед
qado

ужин
casho

билет
rasiid

лифт
wiish

почтовая марка
tiimbare

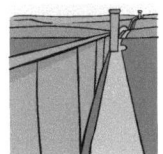

граница
xuduud

таможня
qeybta-canshuur-bixinta

посольство
safaarad

виза
dal ku gal

паспорт
baasaboor

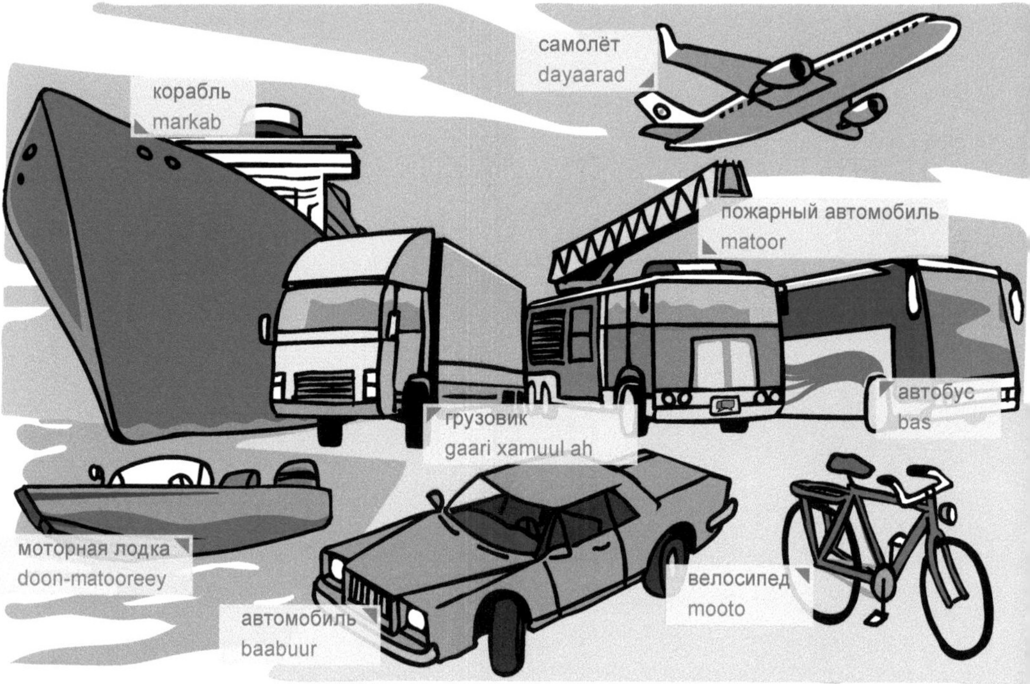

самолёт
dayaarad

корабль
markab

пожарный автомобиль
matoor

автобус
bas

грузовик
gaari xamuul ah

моторная лодка
doon-matooreey

велосипед
mooto

автомобиль
baabuur

пароm
doon

лодка
doonnida

мотоцикл
mooto

полицейский автомобиль
baabuur booliis

гоночный автомобиль
baabuur baratan

арендованный
автомобиль
baabuur la-kiraysto

совместное пользование
автомобилями
gaadiid-wadaag

буксировочный
автомобиль
wiishle

мусоровоз
gaari qashin-gure

двигатель
matoor

топливо
shidaal

заправка
ajib

дорожный знак
calaamad taraafiko

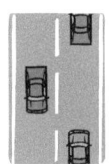

движение
taraafiko

пробка
jaam baabuur

автостоянка
baarkin-baabuur

вокзал
boosteejo tareen

рельсы
waddo-tareen

поезд
tareen

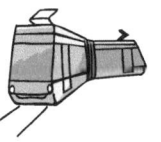

трамвай
taraam

вагон
gaari faras

вертолёт

helikobtar

аэропорт

garoonka dayuuradaha

вышка

manaarad

пассажир

rakaab

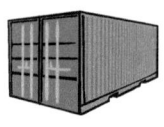

контейнер

weel

коробка

kartoon

тележка

gaari faras

корзина

dambiil

взлетать / приземляться

kicid / degis

## город

## magaalo

деревня

tuulo

центр города

faras magaale

дом

guri

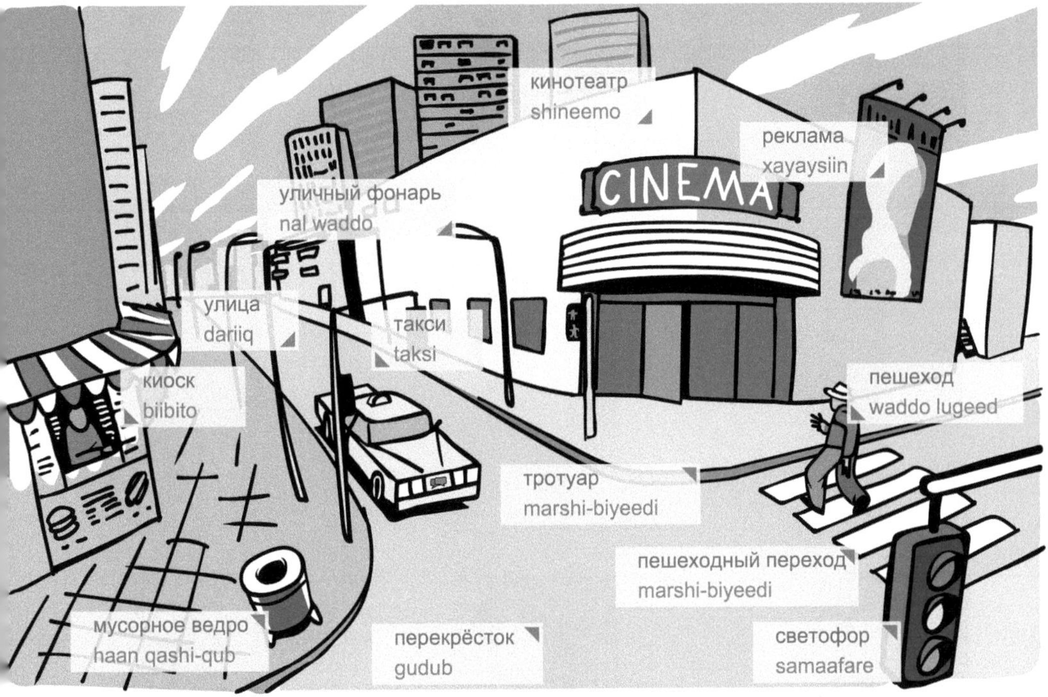

кинотеатр
shineemo

реклама
xayaysiin

уличный фонарь
nal waddo

улица
dariiq

такси
taksi

киоск
biibito

CINEMA

пешеход
waddo lugeed

тротуар
marshi-biyeedi

пешеходный переход
marshi-biyeedi

мусорное ведро
haan qashi-qub

перекрёсток
gudub

светофор
samaafare

хижина

mundul

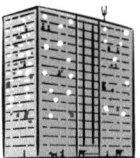

квартира

dabaq

вокзал

boosteejo tareen

ратуша

xarunta dowladda-hoose

музей

matxaf

школа

dugsi

университет

jaamacad

банк

bangi

больница

isbitaal

гостиница

hoteel

аптека

farmasi

офис

xafiis

книжный магазин

buug shoob

магазин

dukaan

цветочный магазин

dukaan ubax

супермаркет

carwo

рынок

suuq

универмаг

suuq weyne

торговец рыбой

kalluun-iibshe

торговый центр

suuq

порт

furdo

парк

jardiino

скамейка

kursi

мост

buundo

лестница

jaraanjaro

метро

waddo-tareen-hoosaad

тоннель

waddo-dhul hoose

автобусная остановка

boosteejo

бар

baar

ресторан

makhaayad

почтовый ящик

sanduuq boosto

табличка с названием
улицы

calaamad waddo

паркометр

joogid-cabbire

зоопарк

beer-xayawaan

бассейн

barkad dabbaalasho

мечеть

masaajid

ферма

beer

загрязнение окружающей среды

naqas

кладбище

qabuuro

церковь

kaniisad

детская площадка

garoon

храм

macbad

# ландшафт

## muqaal-dhireed

лист
caleen

дорожный указатель
calaamad-waddo

дорога
waddo

луг
seere

камень
dhagax

дерево
geed

путешественник
buur korre

река
webi

трава
caws

цветок
ubax

долина

dooxo

гора

buur

озеро

laag

лес

kayn

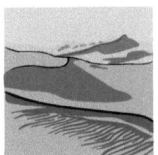

пустыня

saxare

вулкан

foolkaano

замок

qasri

радуга

qaanso-roobaad

гриб

barkin-waraabe

пальма

geed timireed

комар

kaneeco

муха

duqsi

муравей

qoraanjo

пчела

shinni

паук

caaro

жук

dameer-duudeey

лягушка

rah

белка

dabagaalle

еж

kashiito

заяц

dabagaalle

сова

guumeys

птица

shimbir

лебедь

boolo-boolo

кабан

doofaar-jilibeey

олень

deero

лось

faras-duur

плотина

biyo-xireen

ветряной генератор

tamar-dhaliye

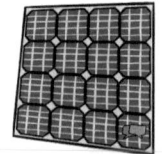

солнечная батарея

soollar

климат

cimilo

официант
kabalyeeri

меню
warqad qiimo

стул
kursi

суп
maraq

пицца
biise

столовые приборы
alaab

скатерть
maro-miis

закуска

af-billow

главное блюдо

cunto bariimo

десерт

macmacaan

напитки

cabitaan

еда

cunto

бутылка

dhalo

фастфуд

cunto diyaarsan

уличная еда

cunto-waddo

чайник

jalmad shaah

сахарница

weelka sonkorta

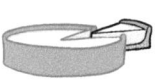

порция

qayb

кофеварка

mashiinka isbareesada

детский стульчик

kursi dheer

счет

biil

поднос

tereey

нож

mindi

вилка

fargeeto

ложка

qaaddo

чайная ложка

malqacad-shaah

салфетка

shukumaan miis

стакан

galaas

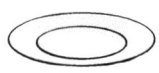

тарелка

saxan

суповая тарелка

saxanka maraqa

блюдце

saxan

соус

suugo

солонка

weelka cusbada

мельница для перца

basbaas shiide

уксус

fixiye

масло

saliid

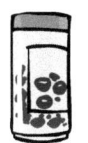

специи

dhandhanaan

кетчуп

suugo

горчица

mastaard

майонез

mayoonees

# супермаркет
## carwo

специальное предложение
qiima dhimis qaas ah
FOR
покупатель
macmiil
молочные продукты
caano
фрукты
miro
тележка для покупок
gaariga adeega

BUTCHERS

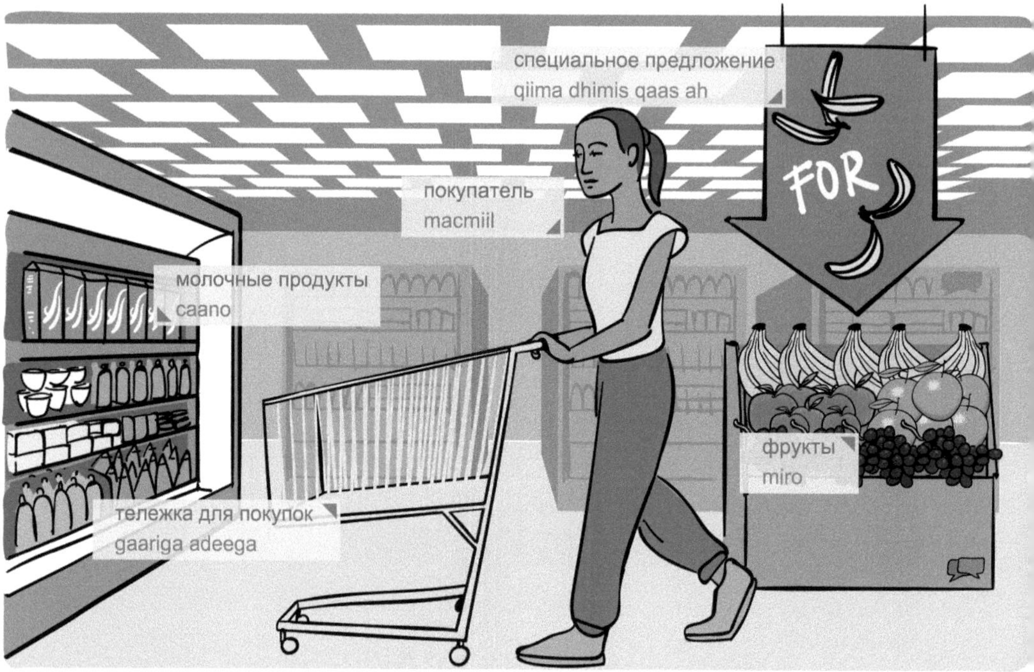

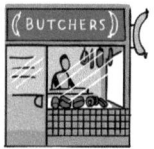

мясной магазин

kawaan

BAKERY

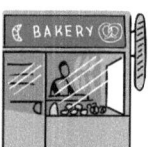

пекарня

foorno

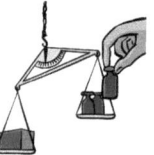

взвешивать

cabbir

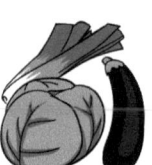

овощи

khudaar

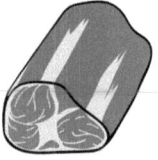

мясо

hilib

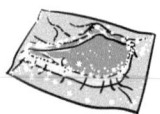

быстрозамороженные продукты

cunto la qaboojiyay

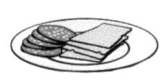

нарезка

hilibka qadada

консервы

cunto gasacadeysan

стиральный порошок

oomo

сладости

macmacaan

предмет домашнего
обихода
alaabada guri

моющее средство

alaabo nadaafad

продавщица

iibshe

касса

diiwaan lacagta

кассир

qasnaji

список покупок

liis adeeg

время работы

saacadaha shaqo

бумажник

shandada jeebka

кредитная карточка

kaar amaah

сумка

bac

полиэтиленовый пакет

bac

супермаркет - carwo

вода

biyo

сок

casiir

молоко

caano

кока-кола

kooka-kola

вино

khamri

пиво

biir

алкоголь

khamri

какао

kooke

чай

shaah

кофе

kafee

эспрессо

isberesso

капучино

koobishiin

банан

muus

яблоко

tufaax

апельсин

liin-bambeelmo

арбуз

qare

лимон

liin

морковь

karooto

чеснок

toon

бамбук

baambuu

лук

basal

гриб

barkin-waraabe

орехи

loos

лапша

baasto

спагетти

baasto

рис

bariis

салат

salar

картофель фри

jibsi

жареный картофель

baradho shiilan

пицца

biise

гамбургер

haambeegar

сэндвич

saanwij

шницель

hilib-jiir

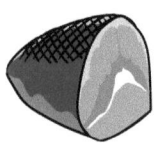

ветчина

hilib-doofaar

салями

salami

колбаса

sooseej

курица

hilib-digaag

жаркое

duban

рыба

kalluun

овсяные хлопья

sareenta mashaarida

мюсли

quraac isku-dhafan

кукурузные хлопья

daango

мука

bur

круассан

nooc rooti ah

булочка

rooti

хлеб

rooti

тост

rooti-la-kulluleeyey

печенье

buskud

масло

subag

творог

hanti

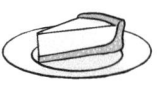

пирог

doolsho

яйцо

ukun

яичница

ukun shiilan

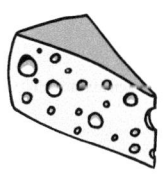

сыр

burcad

мороженое

jalaato

сахар

sonkor

мёд

malab

мармелад

malmalaado

крем с нугой

labeen macmacaan

карри

suugo

# ферма
## beer

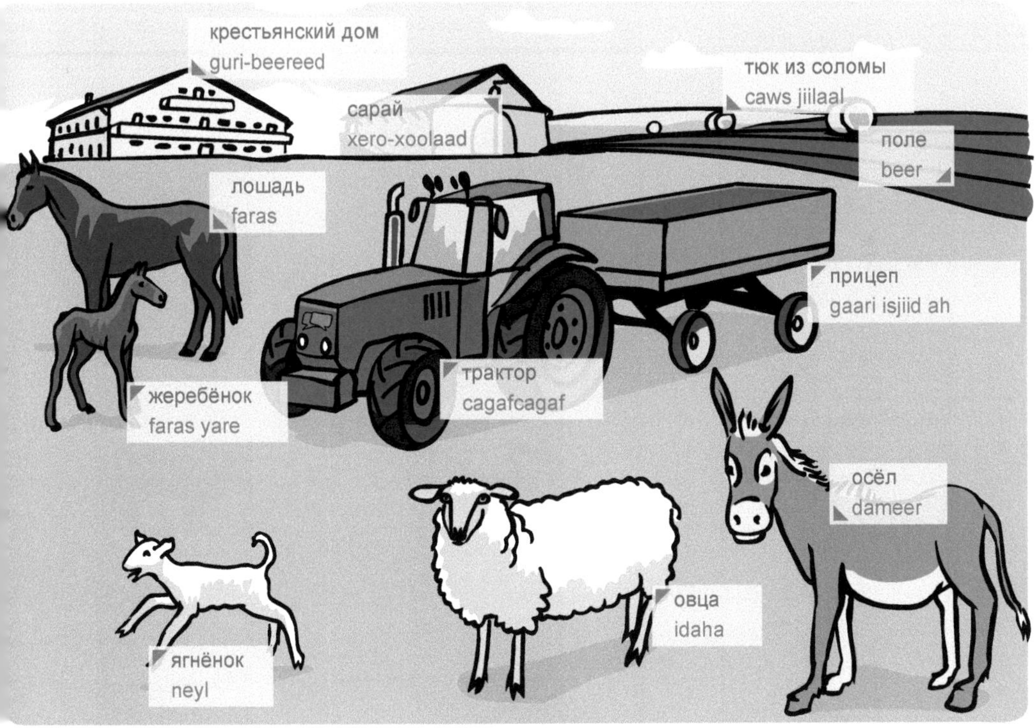

крестьянский дом
guri-beereed
сарай
xero-xoolaad
тюк из соломы
caws jiilaal
поле
beer
лошадь
faras
прицеп
gaari isjiid ah
трактор
cagafcagaf
жеребёнок
faras yare
осёл
dameer
овца
idaha
ягнёнок
neyl


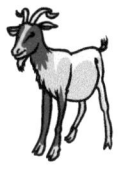

коза

ri'

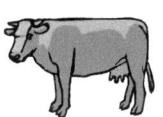

корова

sac

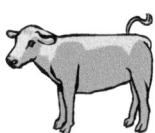

телёнок

weyl

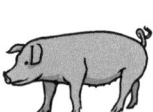

свинья

doofaar

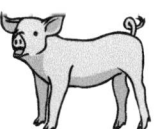

поросёнок

dhal doofaar

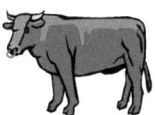

бык

dibi

гусь

bawaato lab

утка

bawaato

цыплёнок

jiijiile

курица

digaag

петух

diiq

крыса

doolli

кошка

bisad

мышь

jiir

вол

dibi

собака

eey

конура

hoyga eeyga

садовый шланг

tuubbo waraab

лейка

sakeelka waraabinta

коса

gudin

плуг

carro-roge

серп

gudin

мотыга

yaambo

навозные вилы

fargeeto caws-beereed

топор

faas

тачка

gaari -gacan

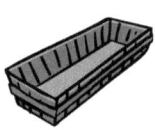

корыто

dar

бидон для молока

dhalada caanaha

мешок

jawaan

забор

deer

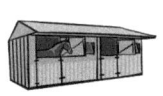

хлев

xero xooleed

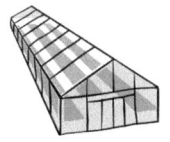

теплица

gur-biqlin-dhireed

почва

ciidda

посев

abuuka

удобрение

bacrimiye

комбайн

cagafta beer-goynta

собирать урожай

beer-goyn

урожай

beer-gooyn

ямс

moxog

пшеница

sarreen

соя

soya

картофель

baradho

кукуруза

galley

рапс

geed-saliideed

фруктовое дерево

geed mirood

маниок

moxog

злаки

firiley

# дом

## guri

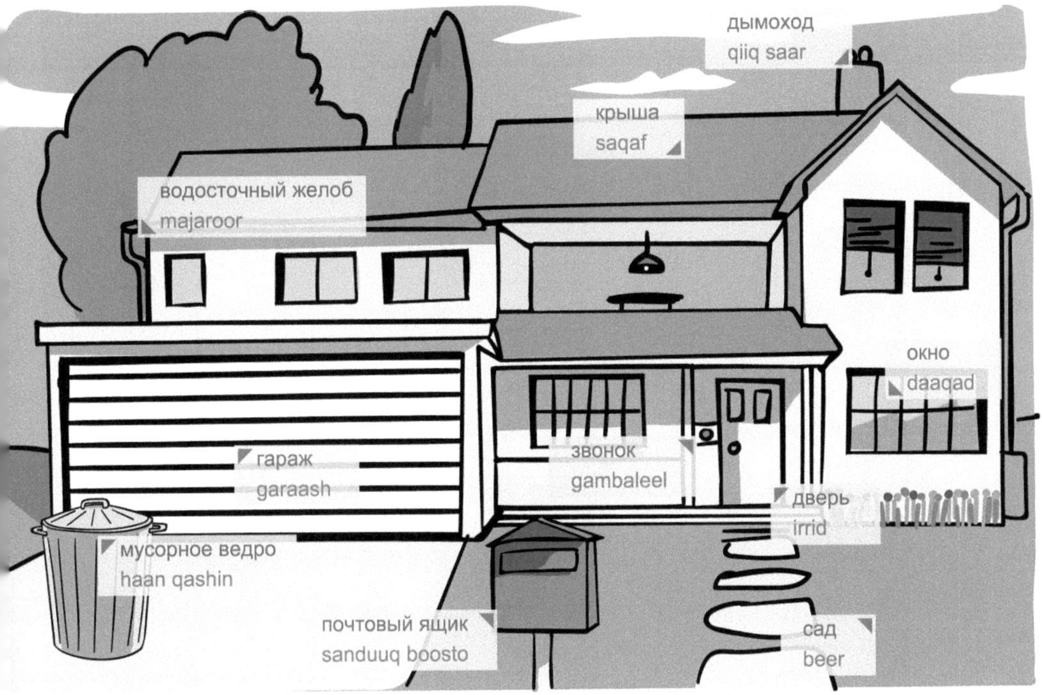
дымоход
qiiq saar
крыша
saqaf
водосточный желоб
majaroor
окно
daaqad
гараж
garaash
звонок
gambaleel
дверь
irrid
мусорное ведро
haan qashin
почтовый ящик
sanduuq boosto
сад
beer

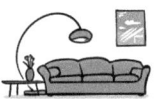

гостиная

qol jiib

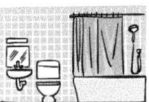

ванная комната

musqul-qubeys

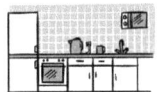

кухня

jiko

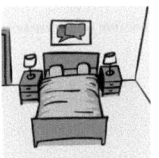

спальня

qolka jiifka

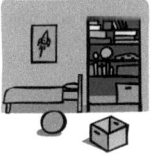

детская комната

qolka ilmaha

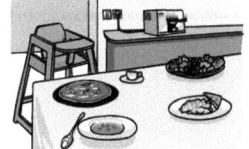

столовая

qolka cuntada

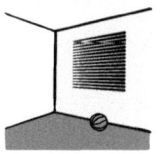

пол

sagxad

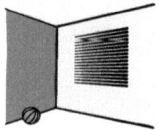

стена

derbi

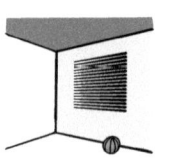

потолок

saqaf

подвал

makhaasiin

сауна

soona

балкон

balakoon

терраса

daarad

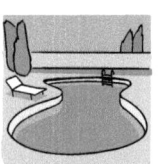

бассейн

barkad

газонокосилка

caws-jare

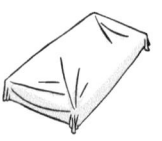

пододеяльник

buste

покрывало

go'

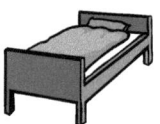

кровать

sariir

метла

xaaqin

ведро

baaldi

выключатель

daare-damiye

# гостиная

## qol jiib

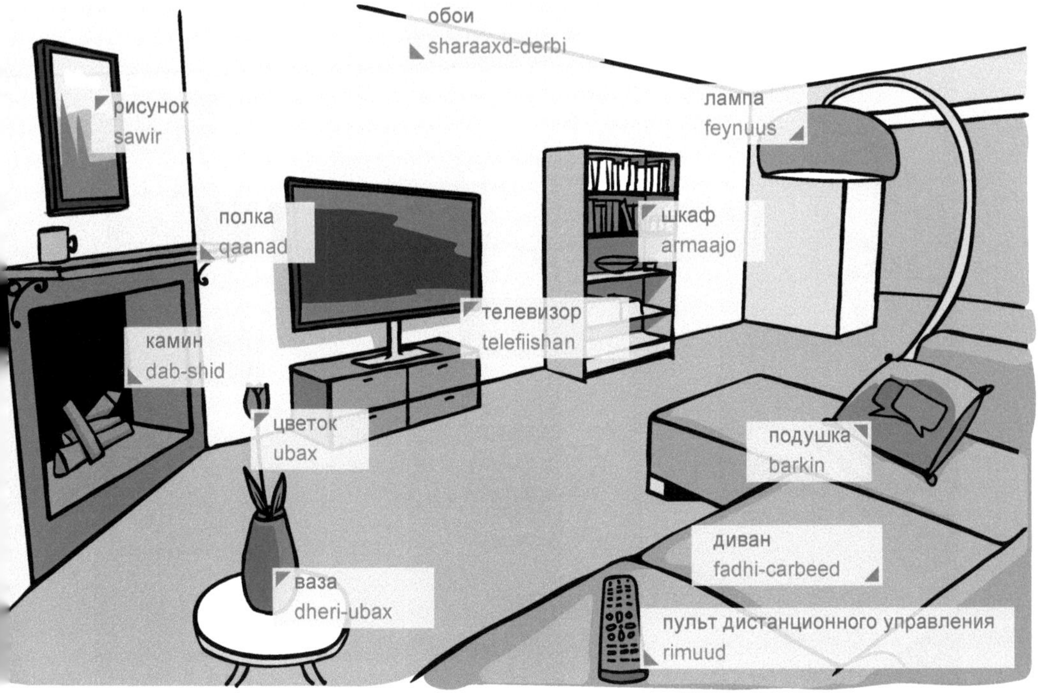

обои
sharaaxd-derbi
рисунок
sawir
лампа
feynuus
полка
qaanad
шкаф
armaajo
телевизор
telefiishan
камин
dab-shid
цветок
ubax
подушка
barkin
диван
fadhi-carbeed
ваза
dheri-ubax
пульт дистанционного управления
rimuud


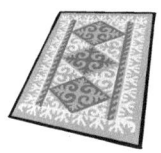

ковёр

roog

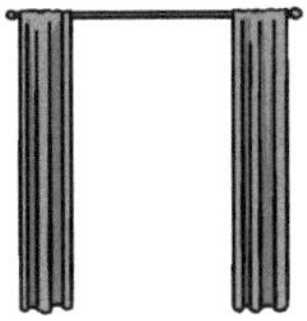

штора

daah

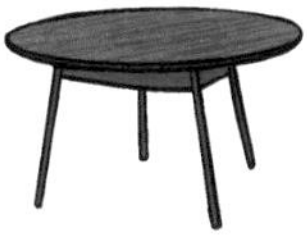

стол

miis

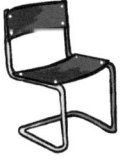

стул

kursi

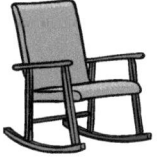

кресло-качалка

kursi wareega

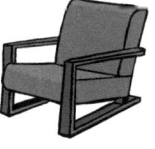

кресло

kursi fadhi

книга

buug

покрывало

buste

украшение

qurxin

дрова

xaabo

фильм

filin

стереосистема

cod-baahiye

ключ

fure

газета

wargeys

картина

rinjiyeyn

плакат

tabeelo

радио

raadiye

блокнот

xusuus-qor

пылесос

huufar

кактус

tiitiin

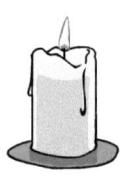

свеча

shumac

# кухня
# jiko

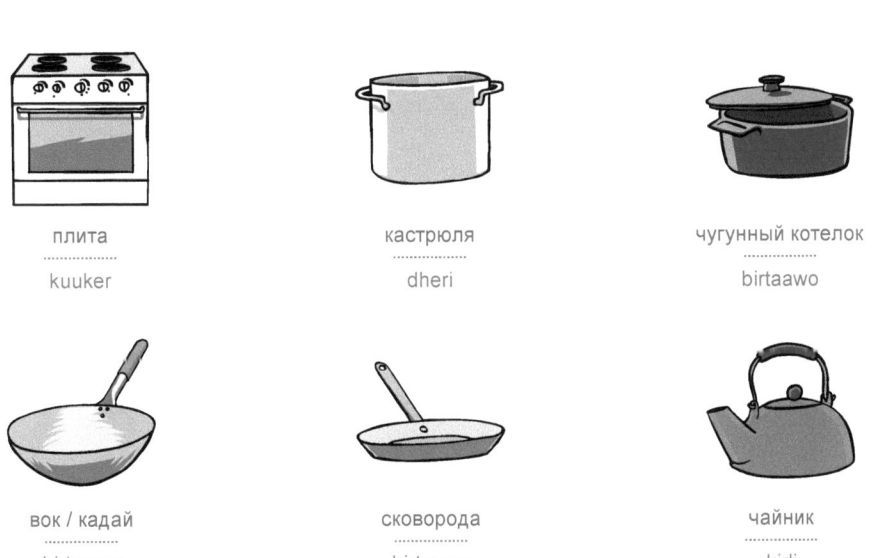

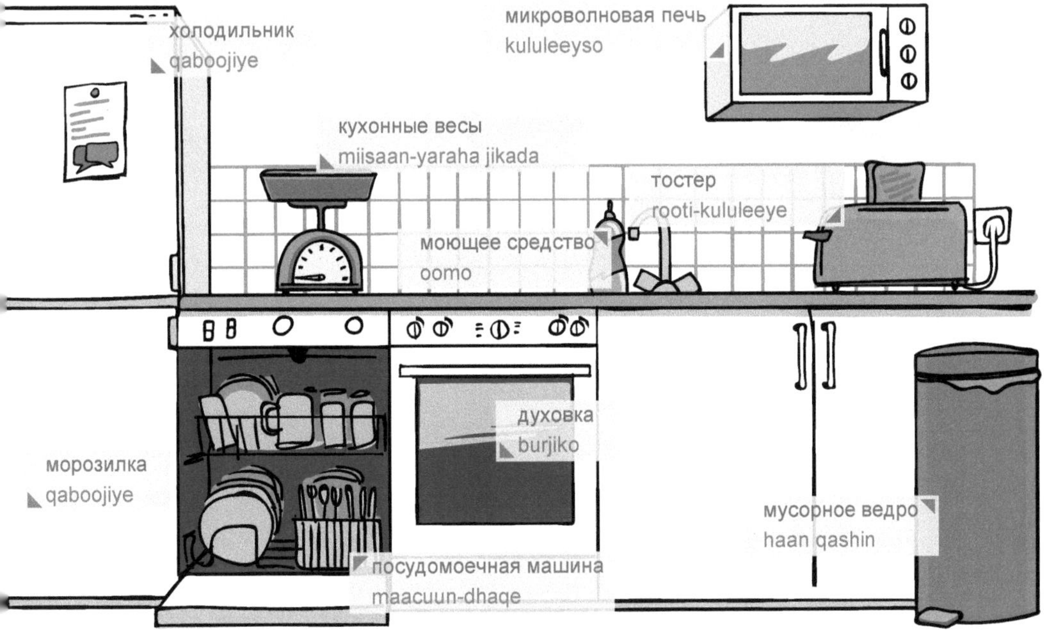
холодильник
qaboojiye
микроволновая печь
kululeeyso
кухонные весы
miisaan-yaraha jikada
тостер
rooti-kululeeye
моющее средство
oomo
духовка
burjiko
морозилка
qaboojiye
мусорное ведро
haan qashin
посудомоечная машина
maacuun-dhaqe

плита
kuuker

кастрюля
dheri

чугунный котелок
birtaawo

вок / кадай
birtaawo

сковорода
birtaawo

чайник
kirli

пароварка

uumiye

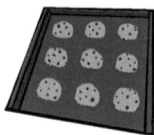

противень

saxaarad dubista

посуда

maacuun

кружка

bakeeri

миска

baaquli

палочки для еды

qoryo wax lagu cuno

половник

malqacad

лопатка

qaado

сбивалка

folow

сито

miire

сито

shashaq

тёрка

qudaar-jare

ступка

mooye

гриль

hilib-sol

костёр

dab

доска

alwaaxa wax-jar-jarka

скалка

ul jabaati

штопор

guf-saare

жестяная банка

gasac

консервный нож

gasac-fure

прихватка

istaraasho-jiko

раковина

saxanka-alaab-dhaqa

щетка

caday

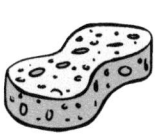

губка

isbuunyo

миксер

shiide

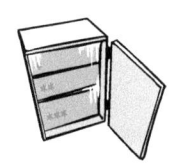

морозильная камера

qaabojin qoto-dheer

бутылочка для кормления

masaasad

кран

tuubbo

# ванная комната
# musqul-qubeys

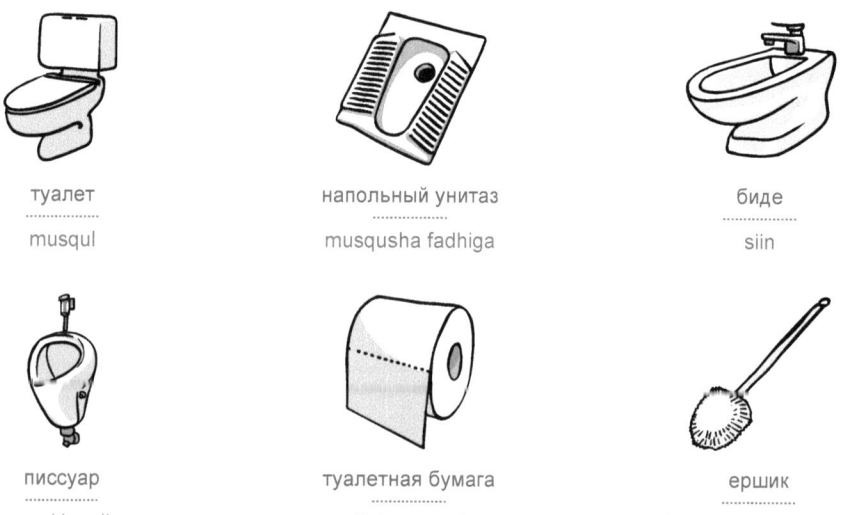

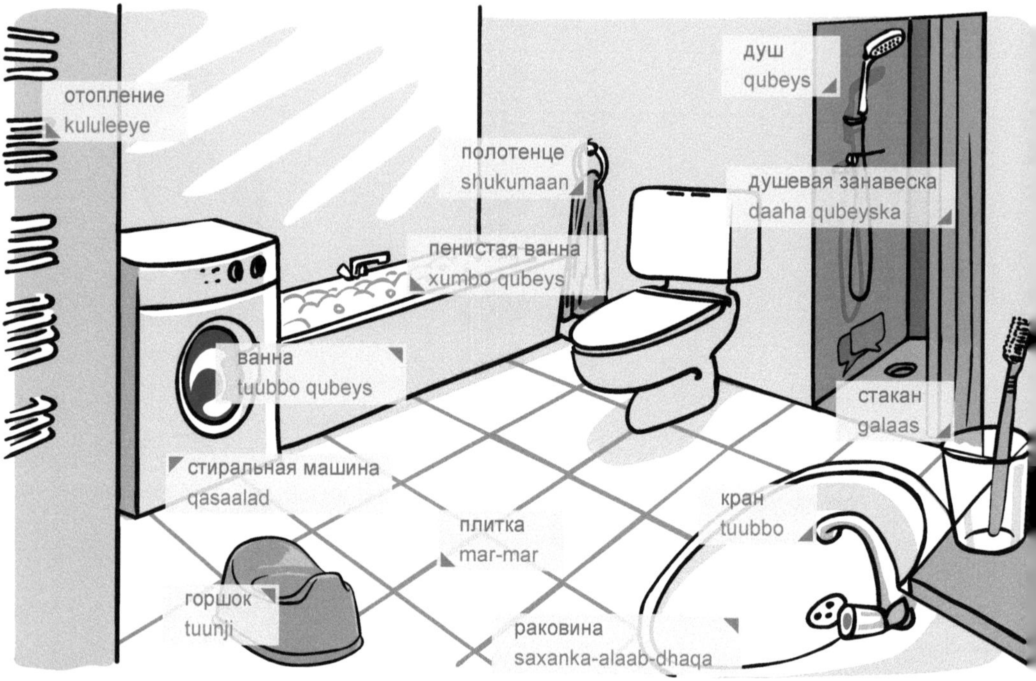
отопление
kululeeye
душ
qubeys
полотенце
shukumaan
душевая занавеска
daaha qubeyska
пенистая ванна
xumbo qubeys
ванна
tuubbo qubeys
стакан
galaas
стиральная машина
qasaalad
кран
tuubbo
плитка
mar-mar
горшок
tuunji
раковина
saxanka-alaab-dhaqa

туалет

musqul

напольный унитаз

musqusha fadhiga

биде

siin

писсуар

weel kaadi

туалетная бумага

tiish musqul

ершик

burushka musqusha

зубная щетка

caday

зубная паста

daawo caday

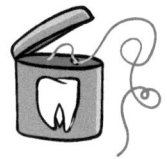

зубная нить

dunta ilka farashada

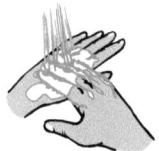

мыть

dhaq

ручной душ

gacan qubeys

интимный душ

tuubo-musqul

таз

beeshin

щетка для спины

burush-qubeys

мыло

saabuun

гель для душа

shaambo

шампунь

shaambo

мочалка

cago-saar

сток

biyo-saare

крем

kareem

дезодорант

carfiso

зеркало

muraayad

ручное зеркало

muraayad gacmeed

бритва

sakiin

пена для бритья

xumbada xiirashada

лосьон после бритья

daawo gar-xiir

расческа

shanlo

щетка

burush

фен

fooneeye

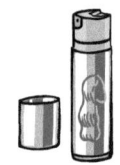

лак для волос

timo-buufis

косметика

waji-qurxiye

губная помада

rooseeto

лак для ногтей

cidiyo-nadiifiye

вата

dun

маникюрные ножницы

cidiyo-jar

духи

baarafuun

косметичка

boorso-wajidhaq

табуретка

saxaro

весы

miisaan culays

халат

dhar-qubeys

резиновые перчатки

gacma gashi cinjir

тампон

tambooni

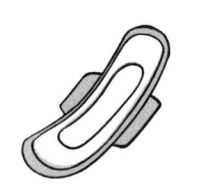

гигиеническая прокладка

tiimshe

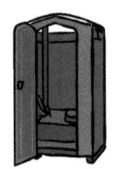

биотуалет

musqul kiimiko

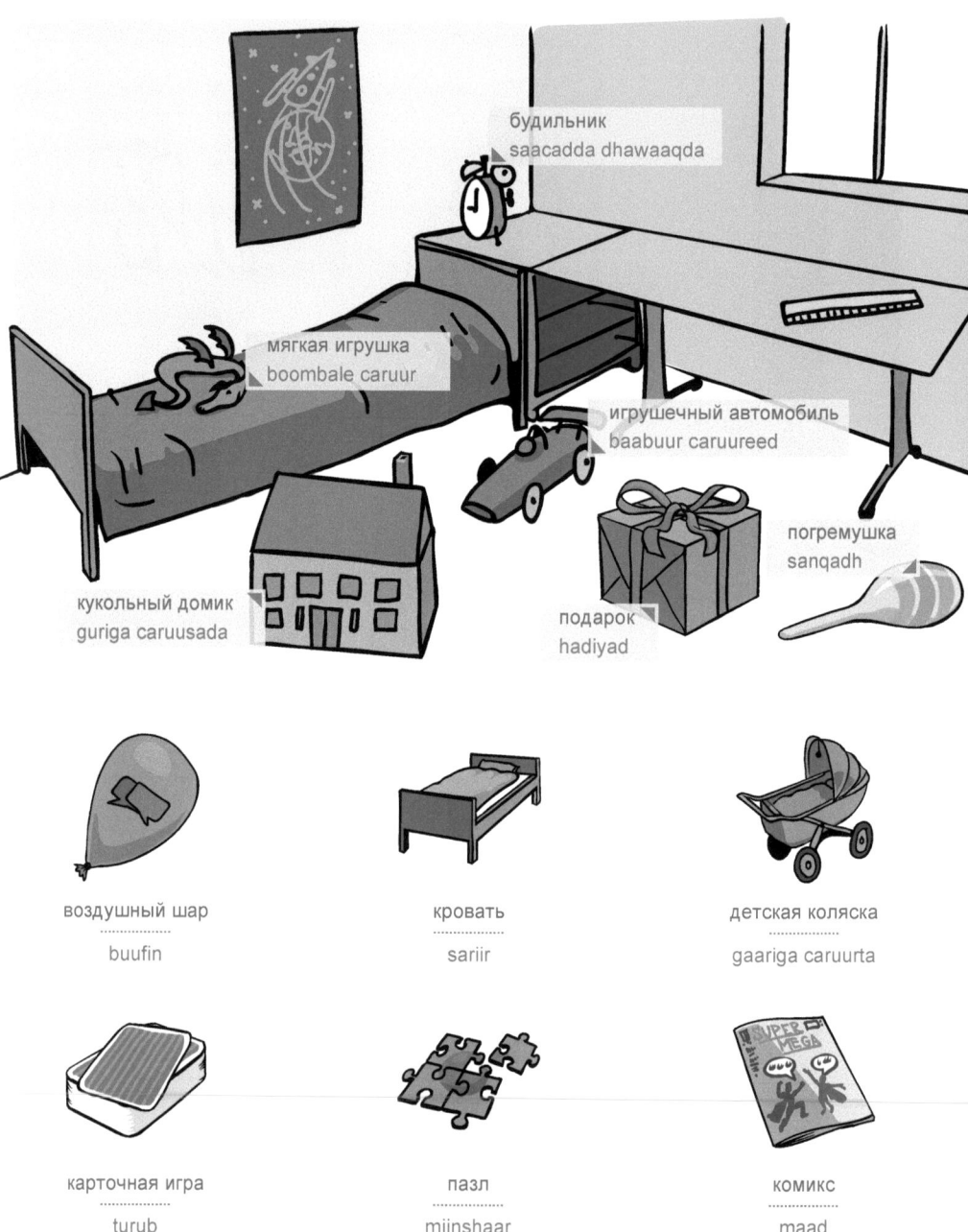

будильник
saacadda dhawaaqda

мягкая игрушка
boombale caruur

игрушечный автомобиль
baabuur caruureed

погремушка
sanqadh

кукольный домик
guriga caruusada

подарок
hadiyad

| воздушный шар | кровать | детская коляска |
| :---: | :---: | :---: |
| buufin | sariir | gaariga caruurta |

| карточная игра | пазл | комикс |
| :---: | :---: | :---: |
| turub | miinshaar | maad |

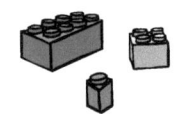

кирпичики Лего

bulkeeti boombale ah

кубики

tooy

игрушечная фигурка

sanam

ползунки

isku-jooga dhallaanka

фрисби

aalad cayaar

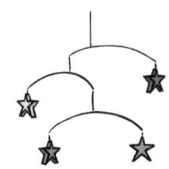

мобиле

moobaayl

настольная игра

khamaar

кубик

laadhuu

модель железной дороги

moodo tareen

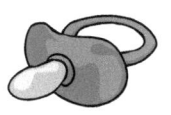

соска

boombale

вечеринка

xaflad

книга с картинками

buug sawirro

мяч

kubbad

кукла

boombale

играть

cayaar

песочница

dhoobo-dhoobeey

качели

wiifoow

игрушка

alaab-alaabeey

игровая приставка

geemka gacanta laga hago

трёхколесный велосипед

baaskiil

плюшевый медвежонок

boombale

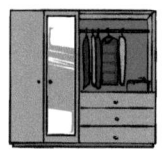

шкаф для одежды

armaajo dhar

# одежда

## dhar

носки

sigisaan

чулки

sigsaan haween

колготки

surwaal-dhuuqsan

шарф
masar

ремень
suun

зонтик
dallad

футболка
funaanad

кроссовки
kabo tababar

сапоги
kabo buud

тапки
dacas

сандалии
saandalo

ботинки
kabo

резиновые сапоги
kabo roob

трусы
hoos-gashi

бюстгальтер
rajabeeto

майка
garan

**боди**

jir

**брюки**

surwaal

**джинсы**

surwaal jeenis

**юбка**

goono

**блузка**

canbuur

**рубашка**

shaati

**свитер**

funaanad-dhaxameed

**свитер**

garan dhaxameed

**спортивная куртка**

jaakad fudud

**жакет**

jaakad

**пальто**

koodh

**плащ**

koodhka roobka

**костюм**

dhar-munaasabadeed

**платье**

labbis

**свадебное платье**

lebbis aroos

мужской костюм

suut

ночная сорочка

dhar-hurdo

пижама

bajaamo

сари

saari

платок

masar

тюрбан

cimaamad

паранджа

cabaayad

кафтан

saako

абайя

cabaayad

купальник

dharka-dabaasha

плавки

dabo-gaabyo

шорты

surwaal-dabagaab

спортивный костюм

taraak-suut

фартук

dufan-dhowr

перчатки

gacmo gashi

пуговица

galluus

очки

ookiyaale

браслет

jijin

цепочка

silis

кольцо

faraati

серьга

dhego dhego

шапка

koofiyo

вешалка

katabaan

шляпа

koofiyad

галстук

garabaati

застежка молния

jiinyeer

шлем

helmed

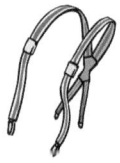

подтяжки

ilko-reeb

школьная форма

direes dugsi

форма

direes

детский нагрудник
cayo-dhowr

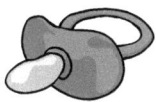

соска
boombale

подгузник
maro-dufeed

# офис
# xafiis

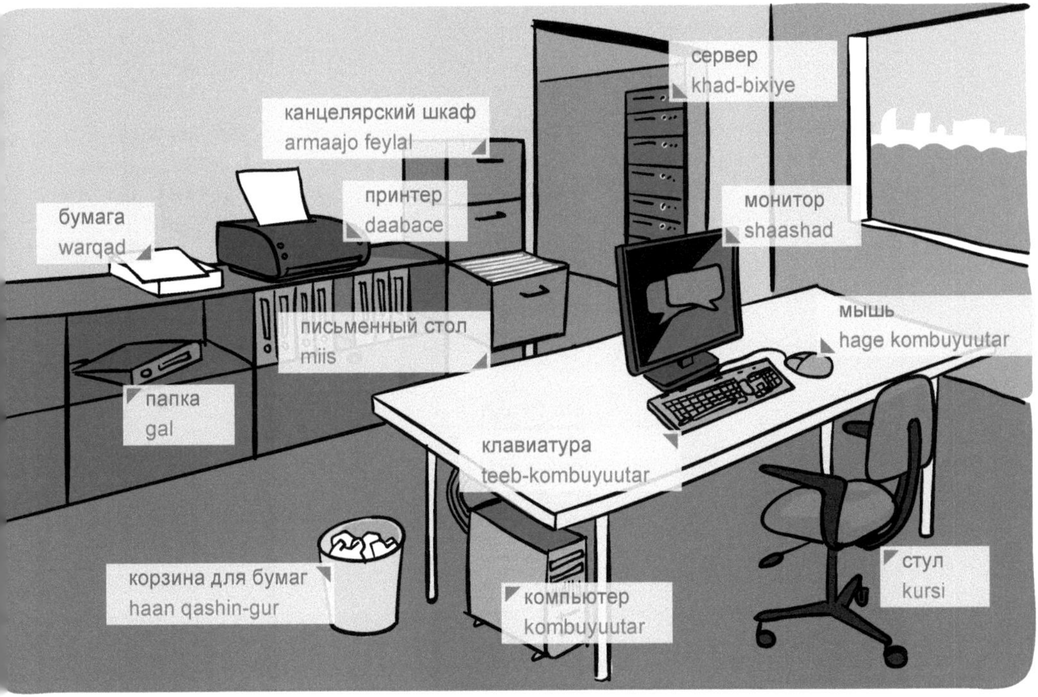

сервер
khad-bixiye

канцелярский шкаф
armaajo feylal

принтер
daabace

бумага
warqad

монитор
shaashad

письменный стол
miis

мышь
hage kombuyuutar

папка
gal

клавиатура
teeb-kombuyuutar

корзина для бумаг
haan qashin-gur

стул
kursi

компьютер
kombuyuutar

кофейная кружка
koob kafee

калькулятор
kalkuleytar/xisaabiye

интернет
internet

ноутбук
laabtoob

письмо
bakhshad

сообщение
fariin

мобильный телефон
moobaayl

сеть
shabakad-kombuyuutar

ксерокс
footokoobi

программа
barnaamij-kombuyuutar

телефон
telefoon

розетка
god koronto

факс
mishiinkan fax-ka

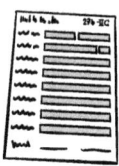

формуляр
foomka

документ
dokumenti

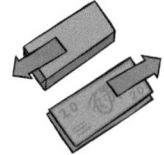

покупать

iibso

платить

bixi

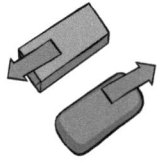

торговать

ganacso

деньги

lacag

доллар

doollar

евро

yuuro

иена

yenka jabbaan

рубль

robolka ruushka

франк

Franka iswiiska

жэньминьби юань

lacagta shiinaha

рупия

rubiyada hindiga

банкомат

maqal

пункт обмена валюты

xafiiska sarrifaka lacagaha

золото

dahab

серебро

qalin

нефть

shidaal

энергия

tamar

цена

qiime

договор

qandaraas

налог

canshuur

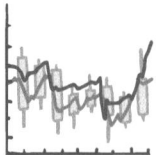

акция

raasumaal

работать

shaqee

служащий

shaqaale

работодатель

shaqaaleysiiye

фабрика

warshad

магазин

dukaan

# профессии

# shaqooyin

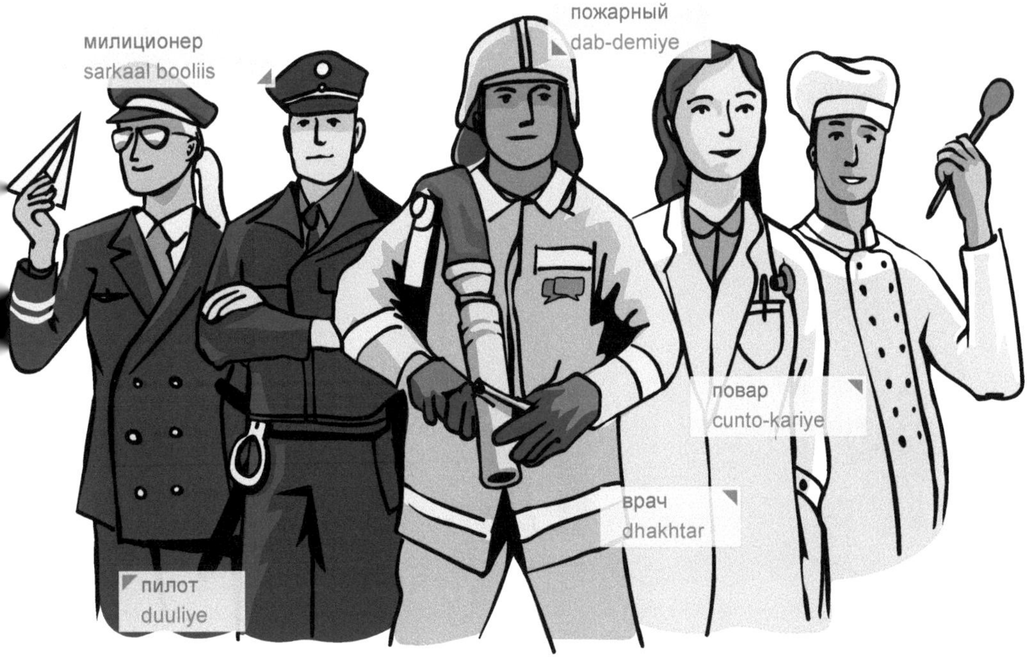
милиционер
sarkaal booliis
пожарный
dab-demiye
повар
cunto-kariye
врач
dhakhtar
пилот
duuliye

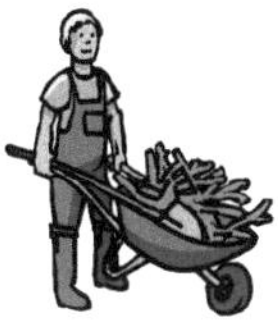

садовник

beeralley

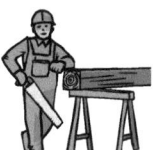

столяр

nijaar

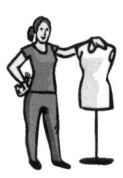

швея

timo-qurxiso

судья

qaaddi

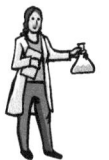

химик

farmashiiste

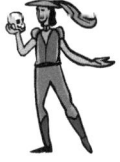

актёр

jile

водитель автобуса

darawal bas

таксист

taksiile

рыбак

kalluumeyste

уборщица

nadiifiso

кровельщик

saqaf-dhise

официант

kabalyeeri

охотник

ugaarsade

художник

rinjiile

пекарь

rooti-dube

электрик

koronto-yaqaan

строитель

dhise

инженер

injineer

мясник

kawaanle

сантехник

tuubbiiste

почтальон

boostaale

солдат

askari

архитектор

injineer-dhismo

кассир

qasnaji

флорист

ubax-yaqaan

парикмахер

timo-jare

кондуктор

kiro-uruuriye

механик

makaanik

капитан

kabtan

зубной врач

dhakhtar-ilko

ученый

saaynisyahan

раввин

wadaad yahuud

имам

imaam

монах

xerow

священник

wadaad

# инструменты

# qalab

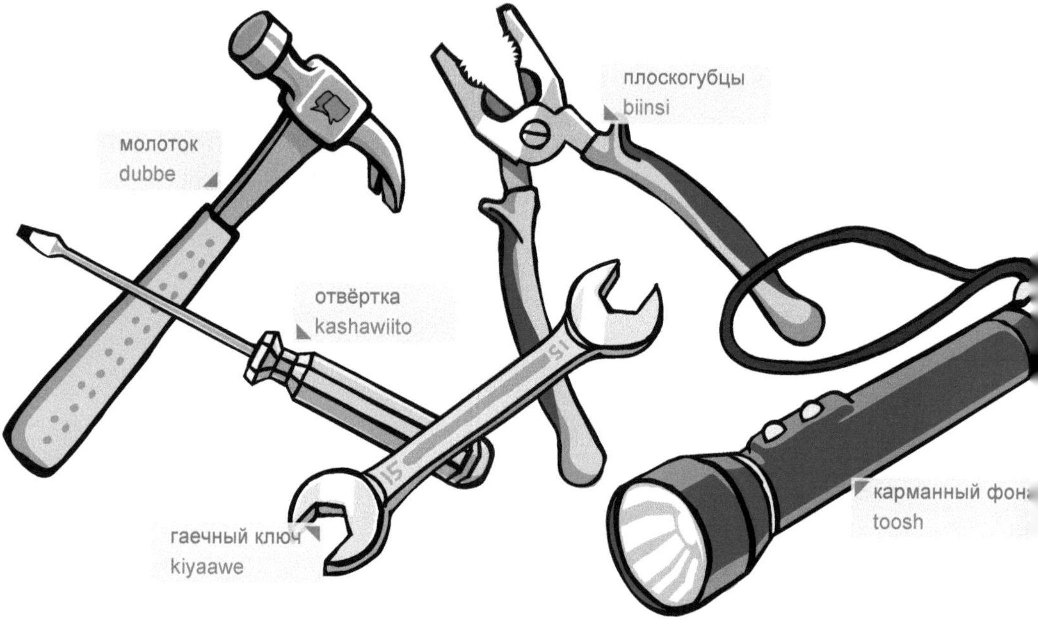
плоскогубцы
biinsi
молоток
dubbe
отвёртка
kashawiito
карманный фона
toosh
гаечный ключ
kiyaawe

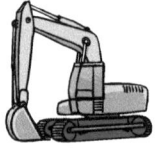

экскаватор

dhul-qoddo

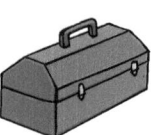

ящик для инструментов

qalab-xajiye

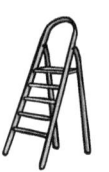

стремянка

jaraanjaro

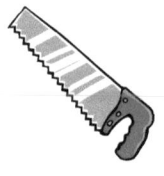

пила

miinshaar

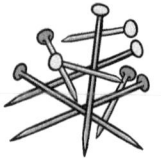

гвозди

musbaarro

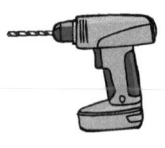

дрель

dalooliye

ремонтировать

dayactir

лопата

badiil

Блин!

inkaar kugu dhacday!

совок

bus-xaabiye

ведро с краской

gasacad rinji

винты

boolal

# музыкальные инструменты
## qalab muusiko

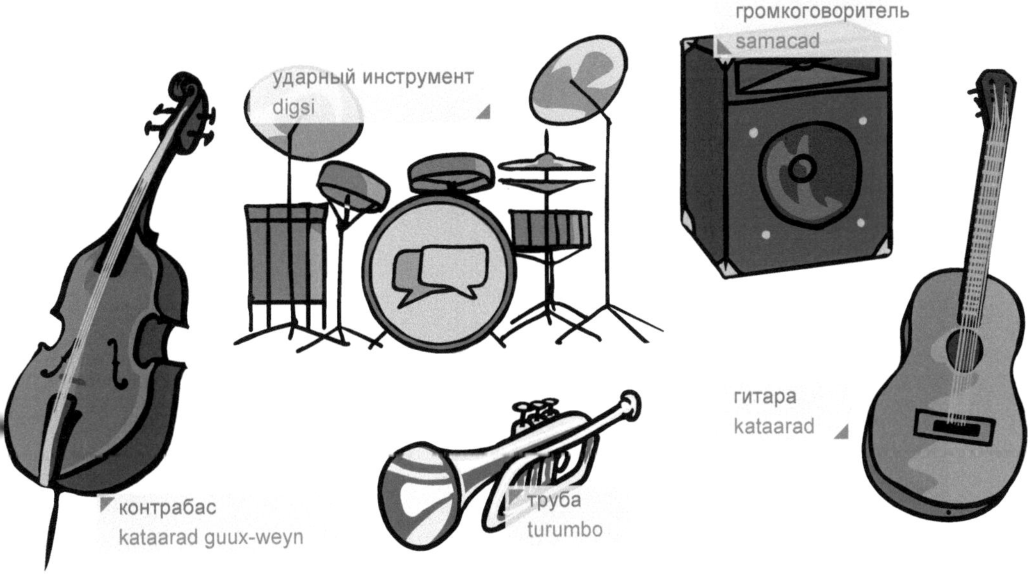

ударный инструмент
digsi

громкоговоритель
samacad

гитара
kataarad

контрабас
kataarad guux-weyn

труба
turumbo

пианино

biyaano

скрипка

fiyooliin

бас-гитара

karaarad guux-dheer

литавры

durbaan-sheegagle

барабан

durbaan

синтезатор

loox-xarfeed-biyaano

саксофон

turumbo

флейта

siin-baar

микрофон

makarafoon

# зоопарк
# beer-xayawaan

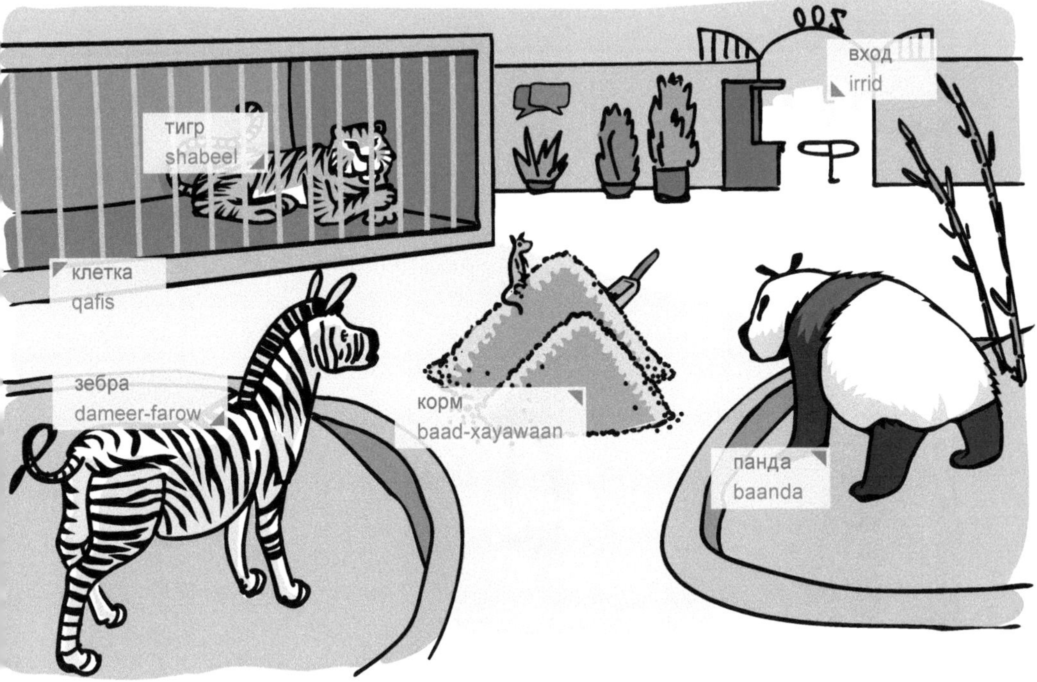
тигр
shabeel
вход
irrid
клетка
qafis
зебра
dameer-farow
корм
baad-xayawaan
панда
baanda

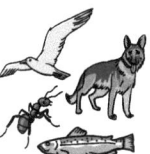

животные

xayawaan

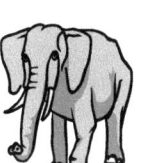

слон

maroodi

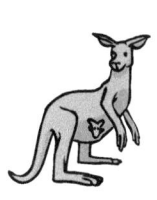

кенгуру

kaangaruu

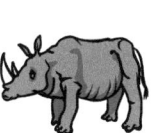

носорог

wiyil

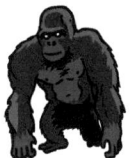

горилла

goriille

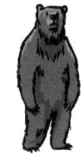

медведь

oorso

верблюд

geel

страус

gorayo

лев

libaax

обезьяна

daanyeer

фламинго

xiita-luga-dheer

попугай

baqbaqaa

белый медведь

oorso baraf-ku-nool

пингвин

shimbir baraf

акула

libaax-badeed

павлин

daa'uus

змея

mas

крокодил

yaxaas

служитель зоопарка

beer-xayawaan ilaaliye

тюлень

bahal kalluun-cun

ягуар

shabeel-u-eke

пони

dhal faras

леопард

harmacad

бегемот

jeer

жираф

geri

орёл

gorgor

кабан

doofaar-jilibeey

рыба

kalluun

черепаха

qubo

морж

maroodi-badeed

лиса

dawaco

газель

deero

американский футбол
kubadda-cagta maraykanka

езда на велосипеде
tartanka bashkuleetiga

теннис
kubbadda miiska

баскетбол
kubbadda koleyga

плавание
dabaal

бокс
cayaarta feerka

хоккей
hookiga barafka lagu dhe

футбол

kubadda cagta

бадминтон

baadminton

лёгкая атлетика

ciyaaraha fudud

гандбол

kubadda gacanta

лыжный спорт

iskii/ciyaarta barafka

поло

cayaar-faras

прыгать
boodid

обнимать
hab-siin

смеяться
qosol

идти
soco

петь
hees

мечтать
riyo

молиться
duceyso

целовать
dhunkasho

писать
qorraxeed

рисовать
masawirid

показывать
muuji

нажимать
riix

давать
sii

брать
qaado

иметь

haysasho

делать

samee

быть

ahaansho

стоять

istaag

бежать

orod

тянуть

jiid

бросать

tuur

падать

dhicid

лежать

been-sheegid

ждать

sug

носить

qaad

сидеть

fariiso

надевать

labiso

спать

seexo

просыпаться

toos

рассматривать

fiiri

плакать

ooy

гладить

dhuftay

причесывать

shanleyso

говорить

hadal

понимать

faham

спрашивать

weydii

слушать

dhageysasho

пить

cab

кушать

cun

наводить порядок

habee

любить

jacayl

готовить

kari

ехать

kaxee

летать

duulid

ходить под парусом

shiraaco

считать

xisaabi

читать

akhri

учиться

barasho

работать

shaqee

вступать в брак

guurso

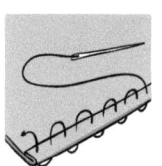

шить

tol

чистить зубы

cadayso

убивать

dilid

курить

sigaar cab

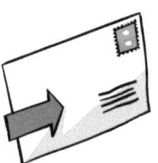

отправлять

dir

# семья
# qoys

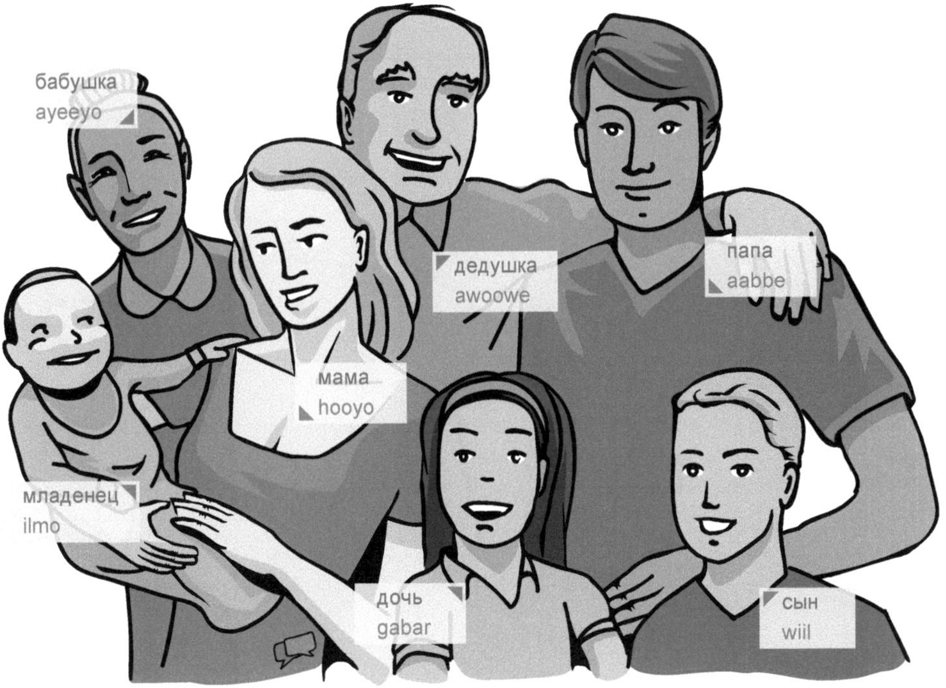

бабушка
ayeeyo
дедушка
awoowe
папа
aabbe
мама
hooyo
младенец
ilmo
дочь
gabar
сын
wiil


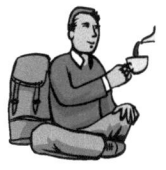

гость

marti

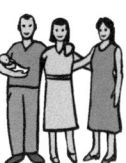

тетя

eeddo

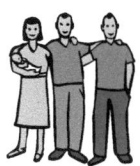

дядя

adeer

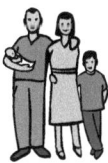

брат

walaal rag

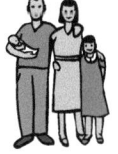

сестра

walaal dumar

# тело
# jir

лоб
fool
глаз
il
лицо
weji
подбородок
gar
грудь
naas
палец
far
кисть
gacan
рука
cudud
плечо
garab
нога
lug


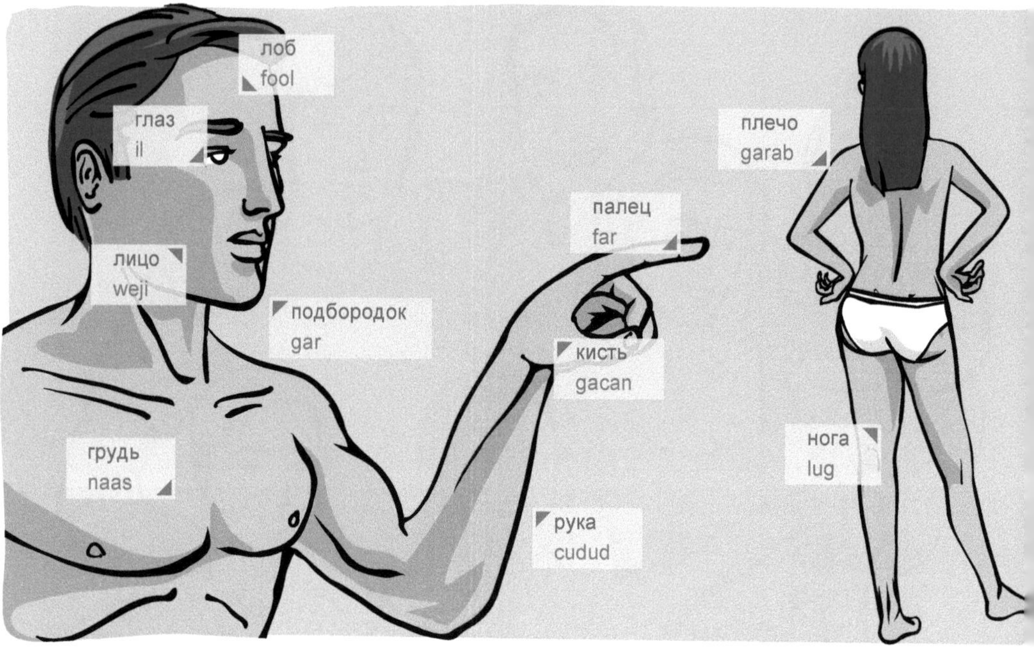

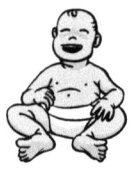

младенец

ilmo

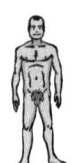

мужчина

nin

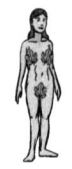

женщина

naag

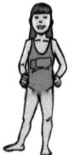

девочка

gabar

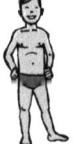

мальчик

wiil

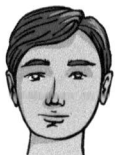

голова

madax

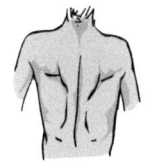

спина

dhabar

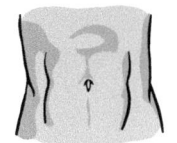

живот

calool

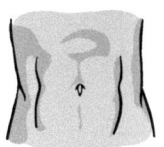

пупок

xuddun

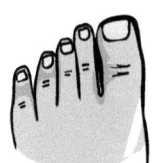

палец ноги

suul

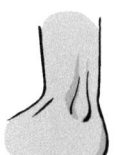

пятка

cirib

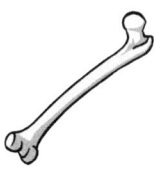

кость

laf

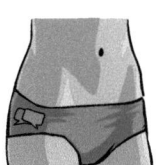

бедро

sin

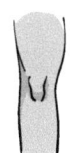

колено

jilib

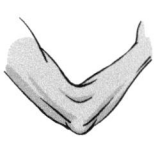

локоть

xusul

нос

san

ягодицы

bari

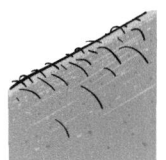

кожа

maqaar

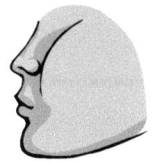

щека

dhafoor

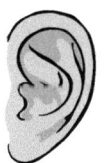

ухо

dheg

губа

bishin

рот

af

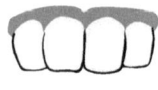

зуб

ilig

язык

carrab

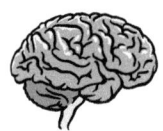

мозг

maskax

сердце

wadno

мышца

muruq

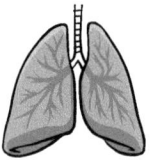

лёгкое

sambab

печень

beer

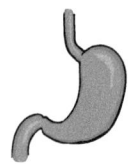

желудок

uur kujirta caloosha

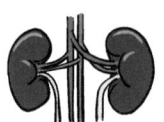

почки

kelyo

половой акт

galmo

презерватив

cinjir-galmo

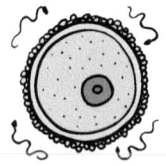

яйцеклетка

ugxan

сперма

shahwo

беременность

uur

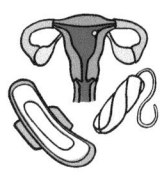

менструация
.................
caado

вагина
.................
siil

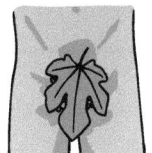

пенис
.................
gus

бровь
.................
suni

волосы
.................
timo

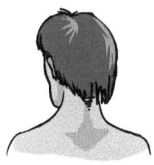

шея
.................
qoor

# больница
# isbitaal

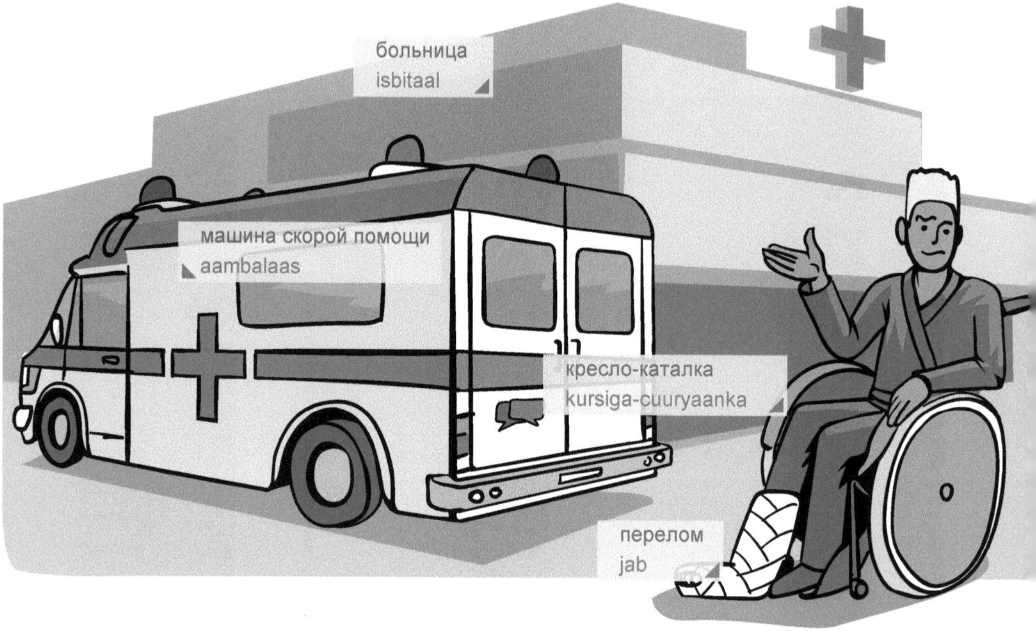

больница
isbitaal
машина скорой помощи
aambalaas
кресло-каталка
kursiga-cuuryaanka
перелом
jab

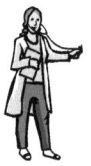

врач
dhakhtar

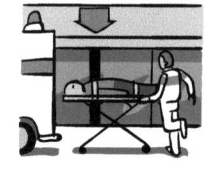

пункт первой помощи
qolka xaaladaha-degdega ah

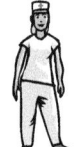

медсестра
kalkaaliye

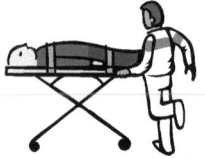

неотложный случай
xaalad deg-deg ah

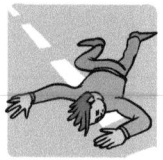

без сознания
miyir-beelsan

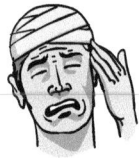

боль
xanuun

повреждение

dhaawac

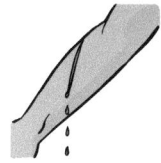

кровотечение

dhiig-bax

инфаркт

wadno-xanuun

инсульт

qallal

аллергия

xasaasiyad

кашель

qufac

повышенная температура

qandho

грипп

hargab

понос

shuban

головная боль

madax-xanuun

рак

kansar

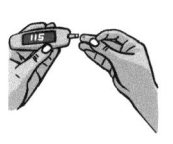

диабет

cudurka sokoroow

хирург

dhakhtarka-qalliinka

скальпель

mindida qalliinka

операция

qalliin

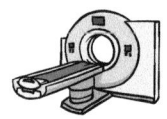

КТ

iskaan

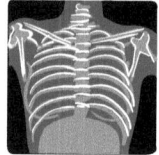

рентген

raajo

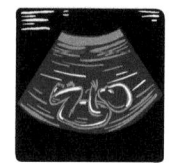

ультразвук

dhawaaq-xawaareed

маска

maaskaro

болезнь

cudur sokoroow

приёмная

qolka sugitaanka

костыль

ul lagu boodo

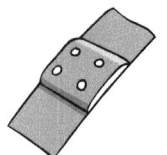

пластырь

kab

бинт

faashato

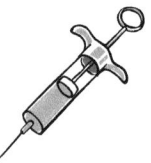

укол

duris

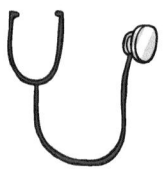

стетоскоп

wadne-dhegeyeste

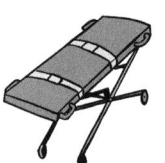

носилки

balankiino

термометр

heer-kul-beega qandhada

рождение

dhalasho

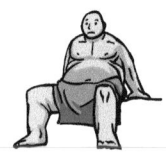

избыточный вес

aad-u-cayilan

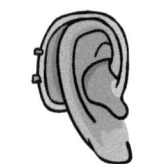

слуховой аппарат

maqal-caawiye

дезинфекционное средство

jeermis-dile

инфекция

caabuq

вирус

feyras

ВИЧ / СПИД

AYDHIS/HIV

лекарство

daawo

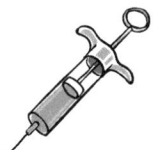

прививка

tallaal

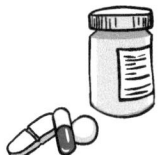

таблетки

kaniiniyo

противозачаточная таблетка

kaniin

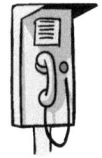

экстренный вызов

wicitaan deg-deg ah

прибор для измерения кровяного давления

cabbiraha dhiig-karka

больной / здоровый

xanuunsan / caafimaadsan

Помогите!

i caawiya!

сигнал тревоги

sawaxan

нападение

weerar-kadisa ah

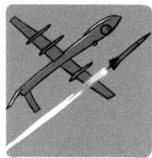

атака

weerar

опасность

khatar

запасной выход

irridda bixida xaalad-deg-deg

Пожар!

dab!

огнетушитель

dab demiye

несчастный случай

shil

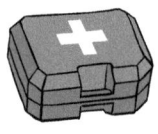

аптечка

saduuqa xaalada-degdega ah

SOS

codsi badbaado

милиция

booliis

Европа

Yurub

Северная Америка

woqooyiga ameerika

Южная Америка

koonfurta ameerika

Африка

Afrika

Азия

Aasiya

Австралия

Oostareeliya

Атлантический океан

Atlaantik

Тихий океан

Pacific

Индийский океан

Bad-waynta hindiya

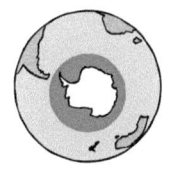

Антарктический океан

Bad-waynta antarctica

Северный Ледовитый
океан

Bad-waynta arctic

Северный полюс

cirifka waqooyi

Южный полюс

cirifka koonfureed

Антарктика

Antarctica

земля

dhul

суша

dhul

море

bad

остров

jasiirad

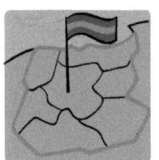

нация

waddan

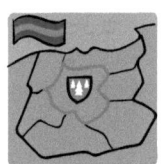

государство

gobol

циферблат

wajiga saacadda

часовая стрелка

gacanka saacada

минутная стрелка

gacanka daqiiqada

секундная стрелка

gacanka ilbiriqsiga

Который час?

waa intee saac?

день

maalin

время

wakhti

сейчас

hadda

электронные часы

saacadda jiifarrada

минута

daqiiqad

час

saacad

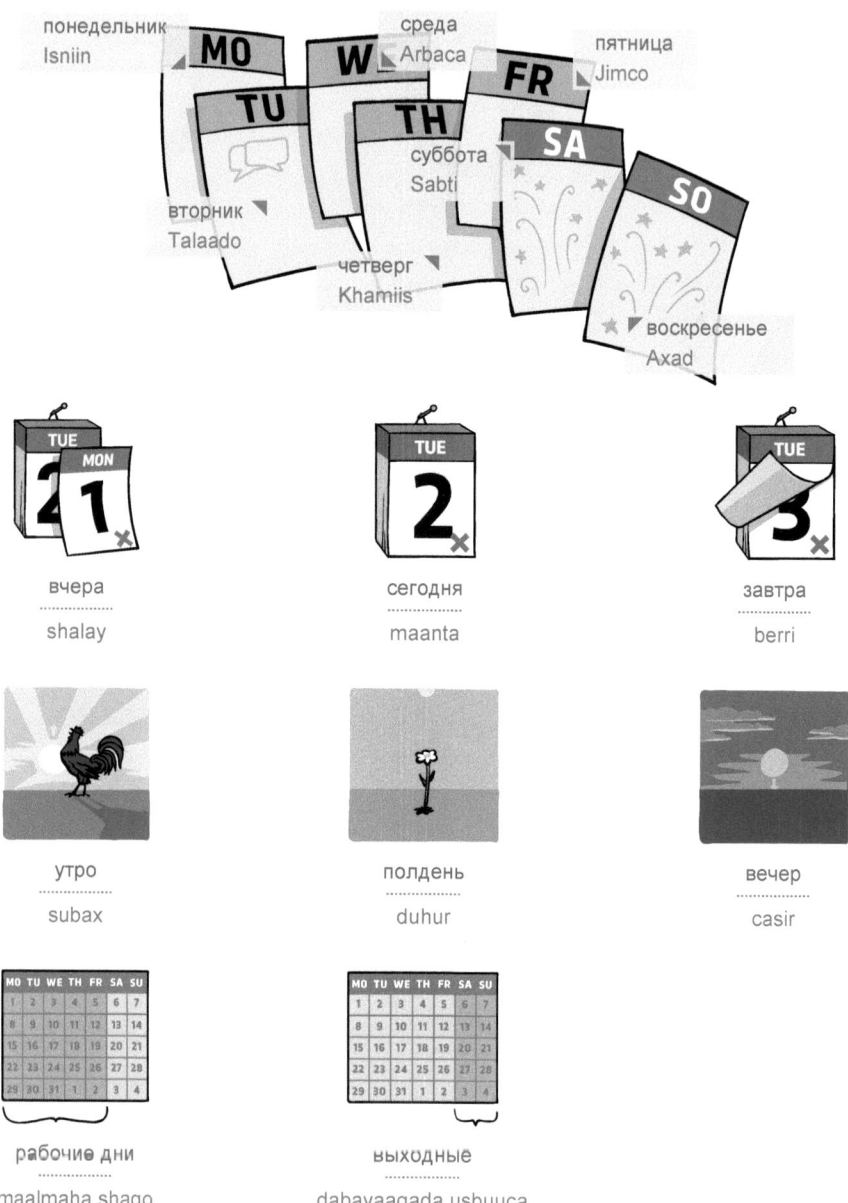

понедельник
Isniin

среда
Arbaca

пятница
Jimco

вторник
Talaado

четверг
Khamiis

суббота
Sabti

воскресенье
Axad

вчера
shalay

сегодня
maanta

завтра
berri

утро
subax

полдень
duhur

вечер
casir

рабочие дни
maalmaha shaqo

выходные
dabayaaqada usbuuca

дождь
roob

радуга
qaanso-roobaad

снег
roob-baraf

ветер
dabayl

весна
gu'

осень
deyr

лето
xagaa

зима
jiilaal

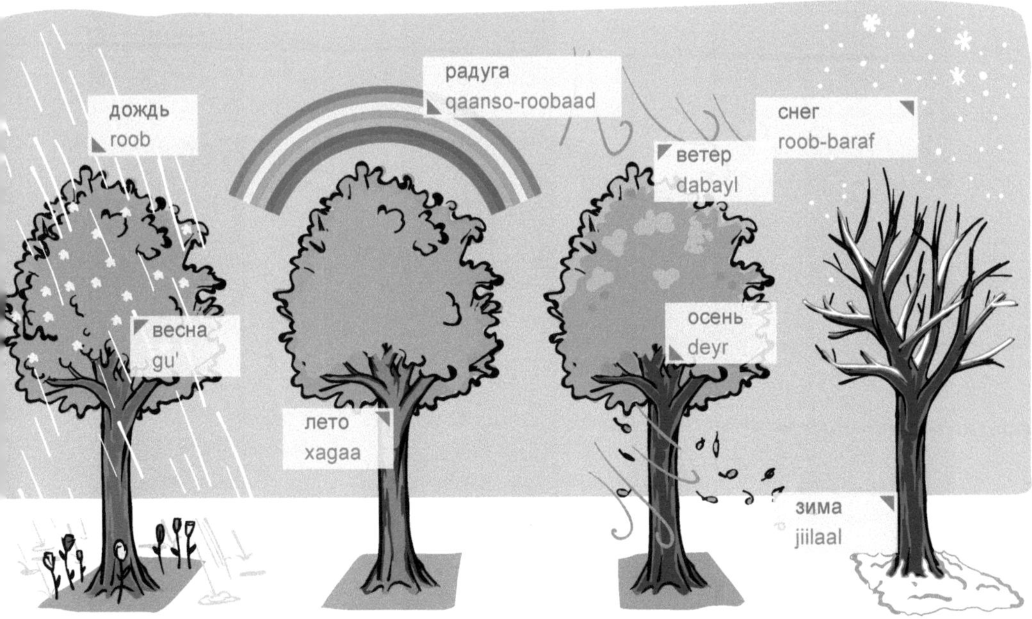

прогноз погоды

saadaal hawo

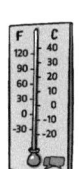

термометр

heer-kul baare

солнечный свет

qorraxeed

туча

daruur

туман

ceeryaamo

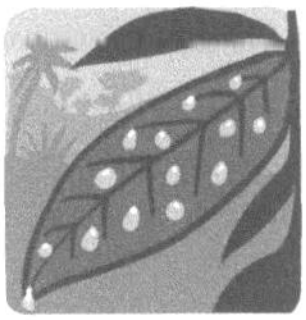

влажность воздуха

huur

молния

jac

гром

onkod

буря

duufaan

град

roob-baraf

муссон

maansuun

наводнение

daad

лёд

baraf

январь

Jannaayo

февраль

Febraayo

март

Maarso

апрель

Abriil

май

Mey

июнь

Juun

июль

Luulyo

август

Agoosto

сентябрь
..................
Sebteember

октябрь
..................
Oktoobar

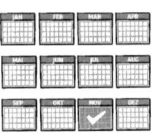

ноябрь
..................
Nofeember

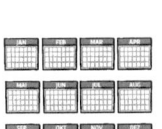

декабрь
..................
Diseember

## формы
## qaababka

круг
..................
goobaabo

квадрат
..................
afar-gees

прямоугольник
..................
leydi

треугольник
..................
saddex-xagal

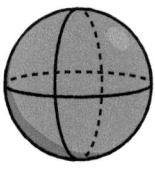

шар
..................
wareeg

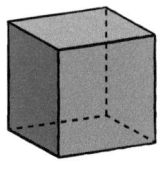

куб
..................
bokis

белый

caddaan

желтый

hurdi

оранжевый

oranji

розовый

guduud-khafiif

красный

casaan

лиловый

carwaajis

синий

bluug

зелёный

cagaar

коричневый

boroon

серый

cawl

черный

madow

много / мало

badan / yar

яростный / мирный

caro / daganaan

красивый / уродливый

qurxoon / foolxun

начало / конец

billow / dhammaad

большой / маленький

yar / weyn

светлый / темный

iftiin / mugdi

брат / сестра

walaalkaa / walaashaa

чистый / грязный

nadiif / wasakhaysan

полный / неполный

buuxa / dhantaalan

день / ночь

maalin / habeen

мёртвый / живой

dhintay / nool

широкий / узкий

ballaaran / ciriiri ah

съедобный / несъедобный

la cuni karo / aan la cuni karin

злой / дружелюбный

arxan-daran / naxariis-badan

взволнованный / скучающий

faraxsan / caajisan

толстый / худой

buuran / caateysan

сначала / в конце

ugu horeeya / ugu dambeeya

друг / враг

saaxiib / cadaw

полный / пустой

maran / buuxa.

твёрдый / мягкий

adag / jilicsan

тяжёлый / легкий

culus / fudud

голод / жажда

gaajo / oon

больной / здоровый

xanuunsan / caafimaadsan

незаконный / законный

sharci-darro / sharci

умный / глупый

caaqil / dabbaal

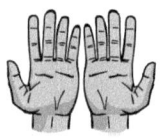

слева / справа

bidix / midig

близко / далеко

dhow / fog

новый / подержанный

cusub / duug

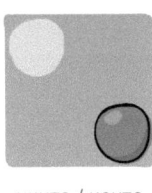

ничто / нечто

waxba / wax

старый / молодой

da' / dhalinyar

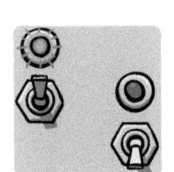

включено / выключено

daaris / damin

открыто / закрыто

furan / xiran

тихо / громко

aamusnaan / cod-dheer

богатый / бедный

taajir / sabool

правильный /
неправильный
sax / khalad

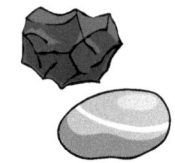

шероховатый / гладкий

jilif leh / sabiibax

печальный / счастливый

murugsan / faraxsan

короткий / длинный

gaaban / dheer

медленный / быстрый

tartiib / dhaqsi

мокрый / сухой

qoyaan / qalleyl

тёплый / прохладный

qandac / qabow

война / мир

dagaal / nabad

противоположности - iska-soo-hoorjeeda

# цифры
## lambarro

**0**

ноль

eber

**1**

один

kow

**2**

два

laba

**3**

три

saddex

**4**

четыре

afar

**5**

пять

shan

**6**

шесть

lix

**7**

семь

toddoba

**8**

восемь

sideed

**9**

девять

sagaal

**10**

десять

toban

**11**

одиннадцать

kow iyo toban

## 12
двенадцать
laba iyo toban

## 13
тринадцать
sadex iyo toban

## 14
четырнадцать
afar iyo toban

## 15
пятнадцать
shan iyo toban

## 16
шестнадцать
lix iyo toban

## 17
семнадцать
todoba iyo toban

## 18
восемнадцать
sideed iyo toban

## 19
девятнадцать
sagaal iyo toban

## 20
двадцать
labaatan

## 100
сто
boqol

## 1.000
тысяча
kun

## 1.000.000
миллион
malyuun

английский

Af ingiriis

американский английский

Ingiriiska Mareykanka

мандаринский китайский

Mandariinka Shiinaha

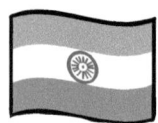

хинди

Hindi

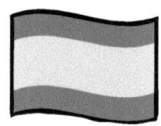

испанский

Boortaqiis

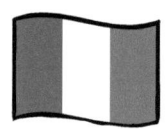

французский

Faransiis

арабский

Carabi

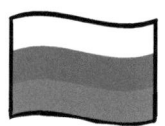

русский

Ruush

португальский

Boortaqiis

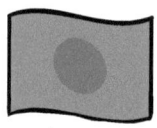

бенгальский

Bengaali

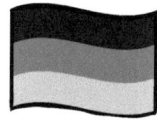

немецкий

Jarmal

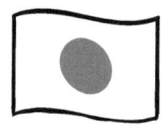

японский

Jabaaniis

я

aniga

ты

adiga

он / она / оно

asaga / ayada

мы

annaga

вы

idinka

они

ayaga

кто?

kee?

что?

maxay?

как?

sidee?

где?

xagee?

когда?

goorma?

имя

magac

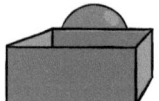

за

gadaal

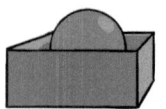

в

gudaha

перед

horta

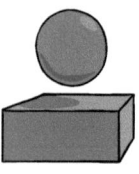

над

ka sare

на

dusha

под

ka hooseeya

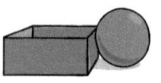

рядом

dhinac

между

u dhexeeya

место

meel